Das hässliche Entlein

Eine Erzählung von Hans Christian Andersen
Mit Bildern von Tina Schulte

COPPENRATH

Es war Sommer auf dem Land. Das Korn stand gelb, der Hafer grün und das Heu war unten auf der Wiese in Schobern aufgesetzt. Eingebettet in Äckern, Wiesen und Sonnenschein lag ein alter bäuerlicher Gutshof mit stillen Weihern ringsherum. Hier hatte sich die Ente niedergelassen, um ihre Jungen auszubrüten. Nach einer ganzen Weile brach ein Ei nach dem anderen auseinander.
„Piep! Piep!", erklang es und die Küken steckten ihre Köpfe heraus.
„Rapp! Rapp!", sagte die Entenmutter und schaute, ob alle beisammen waren.
„Nein, das größte Ei liegt ja immer noch da! Wie kann das sein?", fragte sich die Ente, schüttelte ihre Federn zurecht und setzte sich wieder auf das Nest.
„Na, wie geht es dir?", fragte eine alte Ente, die zu Besuch gekommen war.
„Es dauert recht lange mit dem einen Ei", antwortete die Entenmutter.
„Mhm", sagte die Alte, „glaube mir, das ist ein Putenei. So bin ich auch einmal an der Nase herumgeführt worden. Ich hatte meine liebe Not mit dem Jungen, denn es war wasserscheu. Kümmere dich nicht mehr um das eine Ei, sondern bring lieber deinen Jungen das Schwimmen bei."

„Ich will doch noch ein bisschen darauf sitzen", sagte die Ente. „Habe ich nun so lange gebrütet, kann ich auch noch einige Tage warten." Endlich platzte das Ei. „Piep, piep", sagte das Junge und kroch heraus. Es war groß und hässlich. „Das ist ja ein furchtbar großes Entlein", seufzte die Entenmutter, „keines seiner Geschwister sieht so aus. Es wird doch kein Putenküken sein? Aber ins Wasser muss es und wenn ich es selbst hineinschubse!"

Am Kanal sprang die Entenmutter mit ihrer ganzen Familie ins Wasser.
Die Kleinen schwammen vortrefflich. Sogar das hässliche graue Küken!
„Nein, das ist kein Putenküken“, sagte die Ente. „Seht nur, wie schön es seine Beine gebraucht und wie gerade es sich hält! Das ist mein eigenes Kind. Im Grunde ist es doch ganz hübsch, wenn man es nur recht betrachtet.“
Sie war beruhigt und bald darauf machten sie sich auf zum Entenhof.

Die anderen Enten auf dem Hof betrachteten die Neuankömmlinge und riefen: „Ach du liebe Zeit, wie das eine Junge aussieht! Das wollen wir hier nicht haben!" Und gleich flog eine Ente zu ihm hin und zwickte es in den Nacken.
„Lass das!", sagte die Mutter und breitete schützend die Flügel aus. „Es tut ja niemandem etwas zuleide."
„Es ist zu groß und zu absonderlich", sagte die Ente, die es gezwickt hatte, „und deshalb muss es geduckt werden!"
„Es ist nicht schön, aber es schwimmt so wunderbar wie jedes von den anderen, ja sogar etwas besser. Ich denke, es wird hübsch heranwachsen und mit der Zeit etwas kleiner werden." Damit zupfte sie es am Genick und strich die Federn glatt. Und so wurden sie in der Gemeinschaft auf dem Entenhof aufgenommen.

Aber das arme hässliche Entlein wurde gebissen, gestoßen und gehänselt und nicht nur von den Enten, nein, auch von der Hühnerschar.

Und der Truthahn, der mit Sporen auf die Welt gekommen war und sich deshalb einbildete, er sei der Kaiser persönlich, blähte sich mächtig auf. Dann ging er direkt auf das Entlein los, kollerte und bekam vor lauter Ärger einen knallroten Kopf. Das arme Entlein wusste kaum noch, wo es stehen oder gehen sollte. Es war so traurig, weil alle es verspotteten.

Von Tag zu Tag wurde es schlimmer. Alle hetzten hinter dem Entlein her, sogar seine eigenen Geschwister. Sie sagten: „Wenn dich doch bloß die Katze holen würde, du hässliches Ding!“

Und die Mutter stöhnte: „Ich wünschte, du wärst weit weg!“

Die Enten bissen es und die Hühner hackten mit ihren spitzen Schnäbeln nach ihm. Da flog es über den Zaun und lief fort.

So kam das Entlein zu dem großen Sumpf, wo die Wildenten zu Hause waren. Hier lag es die ganze Nacht, traurig und müde von der langen Reise.
Am nächsten Morgen sahen die Wildenten den neuen Gefährten und fragten: „Was bist du für einer? Du bist sehr hässlich, aber das kann uns gleichgültig sein, solange du nur nicht in unsere Familie einheiratest."
Das Ärmste, es dachte wahrlich nicht ans Heiraten! Hoffte es doch nur, im Schilf zu liegen und ein wenig Moorwasser trinken zu dürfen.
Dann kamen zwei Wildgänseriche. Sie waren noch ganz jung und deshalb reichlich vorlaut. „Du bist so grau und unansehnlich, dass wir dich leiden mögen!", sagte einer von ihnen. „In der Nähe gibt es ein paar nette Wildgänsedamen. Du hast bestimmt Aussichten, dort dein Glück zu machen, so hässlich wie du bist!"
„Piff, paff!", knallte es in diesem Augenblick und die Wildgänseriche fielen tot ins Schilfgestrüpp. Dann knallte es wieder und ganze Scharen wilder Gänse flogen auf. Ohne Zweifel war eine große Jagd im Gange.
Die Jagdhunde näherten sich durch den Schlamm. Das arme Entlein versteckte seinen Kopf unter den Flügeln. Da stand plötzlich ein furchtbar großer Hund vor ihm. Die Zunge hing weit aus seinem Hals und die Augen leuchteten böse. Er fletschte seine scharfen Zähne ... und ging wieder, ohne das Entlein zu packen.

„Gott sei Dank", seufzte das Entlein erleichtert, „ich bin so hässlich, dass nicht einmal der Hund mich beißen mag." Und es lag still, bis der letzte Schuss über dem Moor verhallt war.

Schließlich traute es sich aus seinem Versteck und lief fort. Gegen Abend gelangte das Entlein an ein ärmliches Bauernhaus. Hier wohnte eine alte Frau mit ihrem Kater, den sie Söhnchen nannte, und ihrem Huhn. Der Kater konnte einen Buckel machen und schnurren. Das Huhn hatte ganz kleine, kurze Beine und wurde daher Kikeri-Kurzbein gerufen. Es legte gute Eier und die Frau liebte es wie ihr eigenes Kind.

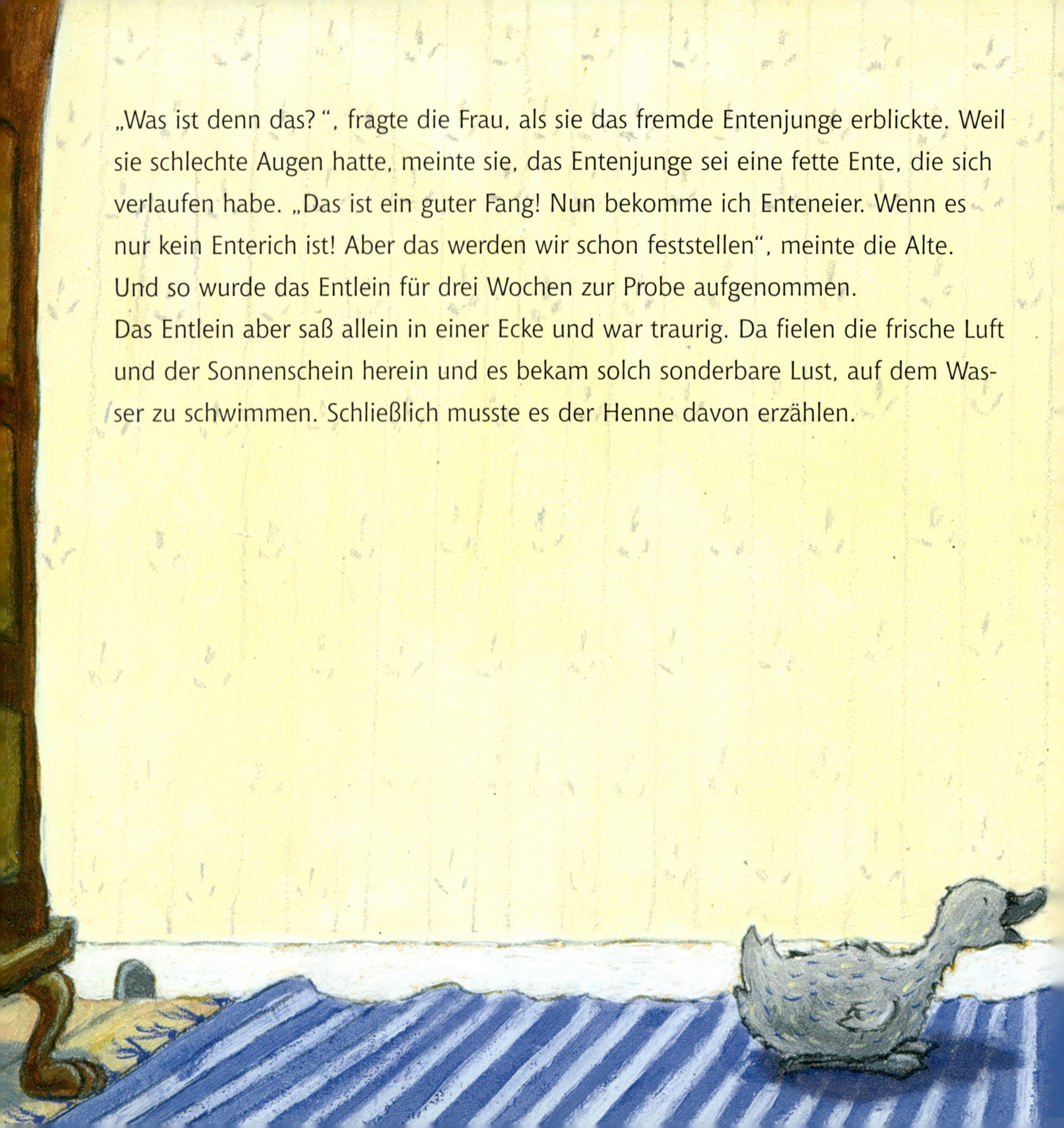

„Was ist denn das?“, fragte die Frau, als sie das fremde Entenjunge erblickte. Weil sie schlechte Augen hatte, meinte sie, das Entenjunge sei eine fette Ente, die sich verlaufen habe. „Das ist ein guter Fang! Nun bekomme ich Enteneier. Wenn es nur kein Enterich ist! Aber das werden wir schon feststellen“, meinte die Alte. Und so wurde das Entlein für drei Wochen zur Probe aufgenommen.
Das Entlein aber saß allein in einer Ecke und war traurig. Da fielen die frische Luft und der Sonnenschein herein und es bekam solch sonderbare Lust, auf dem Wasser zu schwimmen. Schließlich musste es der Henne davon erzählen.

„Was fällt dir ein?", empörte sich diese. „Hast du nichts Besseres zu tun? Lege Eier oder schnurre!"
„Aber es ist so herrlich, auf dem Wasser zu schwimmen und bis auf den Grund hinabzutauchen."
„Du bist wohl verrückt geworden", entgegnete die Henne spöttisch. „Frag doch den Kater, ob er sich etwas daraus macht, auf dem Wasser zu schwimmen oder gar hinabzutauchen. Er ist der Klügste unter uns. Oder frag unsere Herrin, die alte Frau. Klüger als sie ist niemand auf der Welt!"
„Ihr versteht mich nicht", sagte das Entlein.
„Wenn wir dich nicht verstehen, wer sollte dich dann verstehen? Du willst doch nicht etwa gescheiter sein als der Kater und die alte Frau, von mir ganz zu schweigen? Mir kannst du glauben, dass ich es gut mit dir meine. Sieh nur zu, dass du Eierlegen lernst und anfängst, einen Buckel zu machen. Dann vergehen dir deine Flausen."

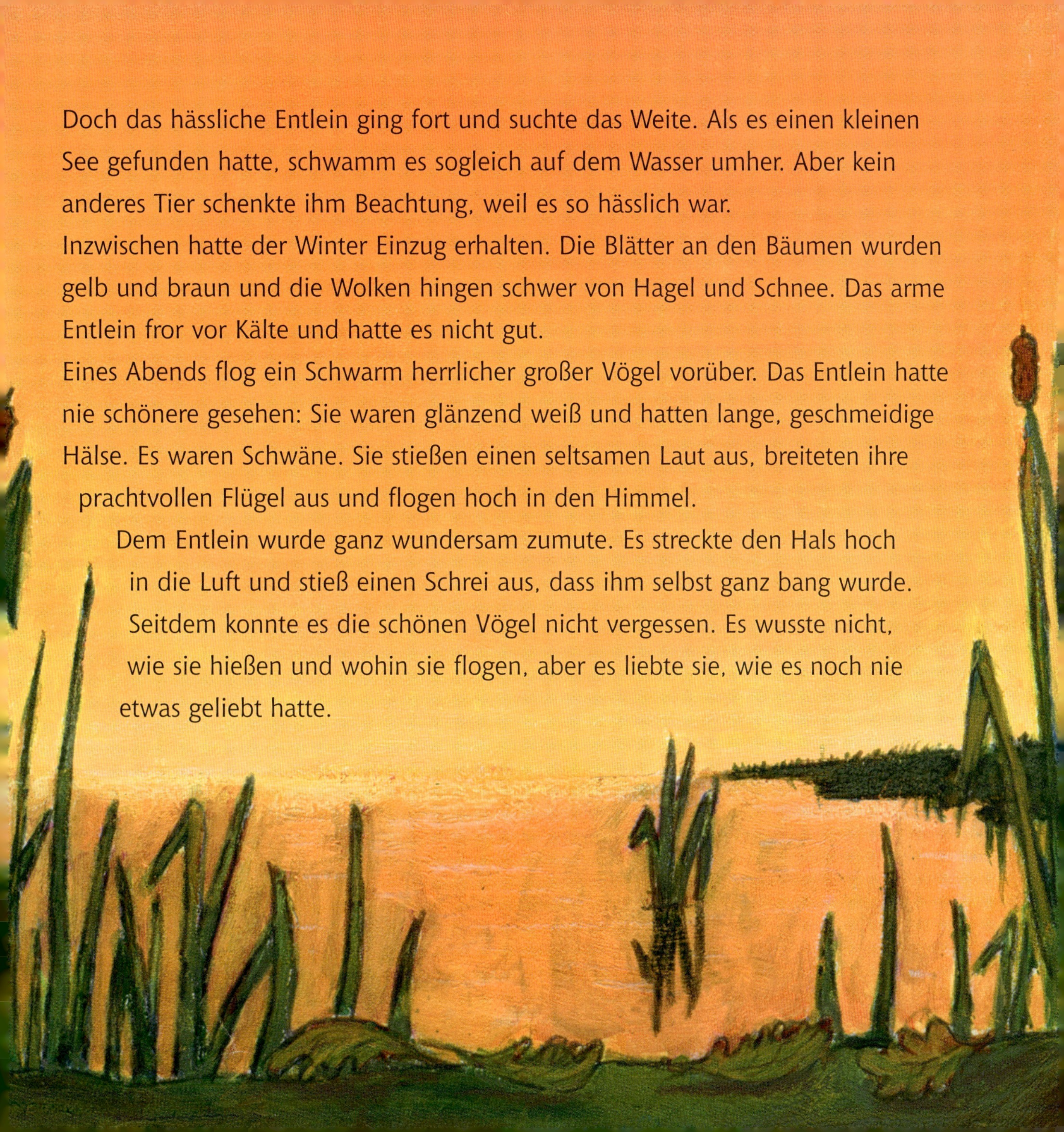

Doch das hässliche Entlein ging fort und suchte das Weite. Als es einen kleinen See gefunden hatte, schwamm es sogleich auf dem Wasser umher. Aber kein anderes Tier schenkte ihm Beachtung, weil es so hässlich war.

Inzwischen hatte der Winter Einzug erhalten. Die Blätter an den Bäumen wurden gelb und braun und die Wolken hingen schwer von Hagel und Schnee. Das arme Entlein fror vor Kälte und hatte es nicht gut.

Eines Abends flog ein Schwarm herrlicher großer Vögel vorüber. Das Entlein hatte nie schönere gesehen: Sie waren glänzend weiß und hatten lange, geschmeidige Hälse. Es waren Schwäne. Sie stießen einen seltsamen Laut aus, breiteten ihre prachtvollen Flügel aus und flogen hoch in den Himmel.

Dem Entlein wurde ganz wundersam zumute. Es streckte den Hals hoch in die Luft und stieß einen Schrei aus, dass ihm selbst ganz bang wurde. Seitdem konnte es die schönen Vögel nicht vergessen. Es wusste nicht, wie sie hießen und wohin sie flogen, aber es liebte sie, wie es noch nie etwas geliebt hatte.

Der Winter wurde kalt, bitterkalt! Das Entlein musste herumschwimmen, um zu verhindern, dass der See gänzlich gefror. Aber jede Nacht wurde das Loch, in dem es schwamm, kleiner und kleiner.
Zuletzt war das arme Entlein völlig erschöpft, lag ganz still und fror im Eis fest.
Früh am Morgen kam ein Bauer. Er sah das kleine Entlein, befreite es aus seiner misslichen Lage und brachte es nach Hause zu seiner Frau. Da kam das Entlein wieder zu sich.

Die Kinder wollten mit ihm spielen, aber das Entlein dachte, sie würden ihm Leid antun. Es sauste vor Angst mitten in die Milchkanne, von dort in die Schüssel mit Butter, dann in die Mehltonne und wieder heraus.
Eine schöne Bescherung!
Die Frau schrie und schlug nach ihm und die Kinder versuchten, es zu fangen.
Nur gut, dass die Tür offen stand. Das Entlein schoss hinaus in den frischen weißen Schnee und blieb dort wie tot liegen.

All die Not und das Elend, welches das Entlein in dem harten Winter erdulden musste, zu erzählen, würde zu trübe sein. Aber als die Sonne wieder stärker zu scheinen begann und es Frühling wurde, da hob es ganz langsam seine Flügel. Sie rauschten stärker als früher und trugen es kräftiger und weiter. Und ehe das Entlein sich versah, war es in einem großen Park gelandet.

Gerade vor ihm kamen aus dem Dickicht drei prächtige Schwäne und schwammen leicht auf dem Wasser dahin.

„Ich will hinfliegen zu den königlichen Vögeln", dachte das Entlein. „Sie werden mich zwar totbeißen, weil ich so hässlich bin, aber das ist mir gleichgültig!" Damit schwamm es mutig den Schwänen entgegen. „Tötet mich nur!", sagte das arme Tier und neigte ergeben den Kopf bis auf die Wasseroberfläche. Aber was sah es da? Es erblickte im klaren Wasser sein eigenes Bild. Doch das war kein hässlicher, grauer Vogel mehr, sondern ein schöner weißer Schwan.

Die großen Schwäne eilten herbei und verneigten sich. Kinder kamen in den Park und riefen: „Guckt mal, da ist ja ein Neuer! Er ist der Hübscheste!"
Da fühlte sich der junge Schwan ganz beschämt. Er war allzu glücklich, aber durchaus nicht stolz, denn ein gutes Herz wird nie stolz. Er dachte daran, wie er verfolgt und verspottet worden war, und nun sagten alle, dass er der schönste aller schönen Vögel sei.
Da breitete der junge Schwan seine Flügel aus und jubelte: „So viel Glück habe ich mir nicht träumen lassen, als ich noch das hässliche Entlein war!"